HISTOIRE

DES FAIENCES

HISPANO-MORESQUES

A REFLETS MÉTALLIQUES

PARIS. — IMPRIMERIE DE J. CLAYE

RUE SAINT-BENOIT, 7

HISTOIRE

DES FAIENCES

HISPANO-MORESQUES

A REFLETS MÉTALLIQUES

PAR

M. J.-C. DAVILLIER

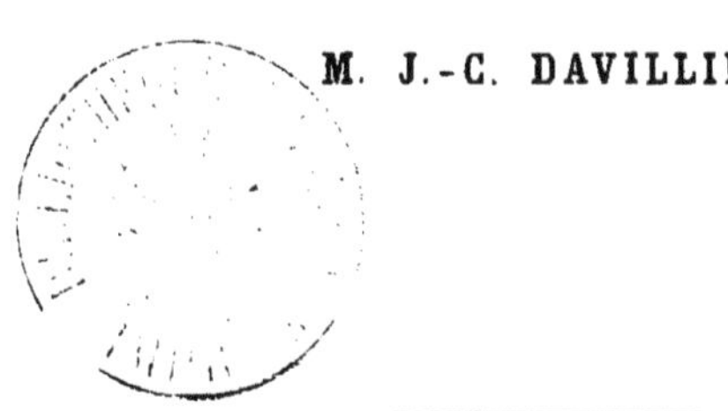

PARIS

LIBRAIRIE ARCHÉOLOGIQUE DE VICTOR DIDRON

23, RUE SAINT-DOMINIQUE.

M DCCC LXI

HISTOIRE

DES

FAÏENCES HISPANO-MORESQUES

A REFLETS MÉTALLIQUES

———

I

Les faïences à reflets métalliques, généralement désignées aujourd'hui sous le nom d'« hispano-arabes », ne sont connues que depuis peu de temps; c'est M. Riocreux, le savant conservateur du musée céramique de Sèvres, qui les a signalées pour la première fois vers 1844 : jusque-là, elles avaient été confondues par les amateurs avec les faïences italiennes à reflets métalliques, assurément postérieures à celles de fabrication moresque et espagnole, et qui, très-vraisemblablement, furent faites à leur imitation.

C'est, du reste, le sort de beaucoup de monuments des arts et des industries anciennes, d'être laissés dans l'oubli pendant des siècles entiers; les émaux de Li-

1

moges étaient à peine connus pendant le siècle dernier ; il y a cinquante ans personne ne soupçonnait
l'existence des fameuses faïences dites de Henri II et,
aujourd'hui encore, bien peu de personnes connaissent
les porcelaines du xvɪᵉ siècle, ou des Médicis, moins
belles, il est vrai, mais plus rares, et qui n'ont été
signalées pour la première fois qu'en 1839.

Les faïences hispano-moresques ne sont pas d'une
grande rareté, et on ne saurait les comparer, sous le
rapport de l'art, aux faïences italiennes : le plus souvent elles n'offrent que des ornements, des animaux
héraldiques ou fantastiques, quelquefois tracés par la
main d'un More grenadin, et conservant toujours,
même sous une main espagnole, un style moresque
très-accentué ; cependant, par leurs brillants reflets,
par leurs formes à la fois élégantes et singulières, elles
méritent d'occuper une place dans l'histoire de l'art
céramique.

Jusqu'à ce jour on n'a publié que fort peu de
chose sur ces faïences : plusieurs personnes, dont l'o-
pinion fait autorité, ont contesté leur origine espagnole,
et la plupart de ceux qui la reconnaissent se sont bor-
nés à la signaler, sans apporter aucun document à
l'appui de leur opinion.

M. J. Labarte, dans son excellente description de
la collection Debruge-Duménil [1], a consacré quelques
pages à la faïence hispano-moresque, et en a donné

---

1. J. Labarte, « Description des objets d'art qui composent la
collection Debruge-Duménil ». Paris, 1847, in-8°.

une classification peu exacte, je crois, puisqu'il cite comme les plus anciennes les pièces de la fabrication la plus récente, et réciproquement.

Depuis l'ouvrage de M. J. Labarte, rien, que je sache, pendant un espace de dix ans, n'a été publié sur ce sujet. Lorsque, dans le courant de l'année 1857, la collection de M. Soulages fut achetée, dans un intérêt patriotique, par une société d'amateurs anglais, et peu de temps après exposée à Manchester, M. J.-C. Robinson, conservateur du «South Kensington Museum» de Londres, en publia un catalogue raisonné, plein d'une saine critique [1], dans lequel il consacra un article aux faïences qui nous occupent.

La même année, M. Joseph Marryat [2], dans un ouvrage sur la céramique, édité avec un grand luxe, traitait le même sujet, mais sans publier aucun document authentique, se bornant à quelques hypothèses, et résumant ce qu'on avait écrit avant lui.

Je crois donc combler une lacune en publiant les documents inédits qu'on trouvera dans ce travail.

[1]. J.-C. Robinson, «Catalogue of the Soulages collection». London, 1857, in-8°.

[2]. J. Marryat, «History of pottery and porcelain». London, 1857, in-8°, fig.

II

On a dû remarquer qu'au lieu de la désignation d'« hispano-arabe », assez généralement employée chez nous, et que je considère comme un anachronisme, je me suis servi de celle d'hispano-moresque. Cette dernière me paraît plus exacte, plus logique, et je vais indiquer pourquoi je pense qu'on doit l'adopter.

Il faut bien se garder de confondre, dans l'histoire d'Espagne, les Arabes avec les Mores : les Arabes, d'origine asiatique, envahirent l'Espagne au commencement du viiiᵉ siècle, et s'établirent dans la partie méridionale ; à la fin du xiiᵉ siècle, les Almoravides, venant du nord de l'Afrique, les chassèrent de la Péninsule, et en furent à leur tour chassés, peu de temps après, par les Almohades, dynastie de princes mores.

Il est vrai que les Arabes d'Espagne léguèrent aux Mores leur civilisation, leurs sciences et leurs arts, et que le style moresque dérive de celui des Arabes : néanmoins, comme les deux styles offrent des différences bien tranchées, il me paraît important de ne pas les confondre. On peut citer, par exemple, comme type du style arabe, la mosquée de Cordoue, commencée au VIII⁰ siècle, tandis que l'Alhambra de Grenade, palais commencé vers la fin du XIII⁰ siècle, serait le type du style moresque [1].

J'ajouterai que la dénomination que j'ai adoptée me paraît d'autant mieux justifiée que, parmi les faïences en question, il n'en est aucune qu'on puisse attribuer à une époque antérieure au XIV⁰ siècle et, à plus forte raison, à l'époque arabe. Au surplus, l'expression d'«hispano-moresque» a déjà été adoptée en Angleterre, et notamment par M. J.-C. ROBINSON, dont le nom peut être invoqué comme une autorité.

[1]. Je crois d'autant plus utile d'insister sur cette distinction qu'un ouvrage consacré aux arts, et signé d'un nom fort accrédité, signalait, en 1860, la mosquée de Cordoue, bâtie au *huitième siècle*, comme un monument d'architecture *moresque*.

III

L'origine purement arabe de la poterie plumbo-
stannifère est un fait hors de doute aujourd'hui : les
Arabes, très-avancés dans les sciences alors que l'Europe était plongée dans l'ignorance, durent fabriquer,
dès le VIIIe siècle, des poteries émaillées ; ce qui est
certain, c'est qu'elles remontent à une époque très-
ancienne. M. J.-C. ROBINSON a remarqué, parmi différents objets découverts par M. Layard à dix ou
douze pieds sous le sol de Khorsabad, plusieurs fragments d'anciennes poteries recouverts d'un émail
blanc évidemment stannifère, et enrichis de dessins avec des reflets métalliques semblables à ceux des
faïences hispano-moresques. Ces fragments sont con-
servés au British Museum, à Londres.

Le musée de Sèvres possède d'autres fragments de
poteries arabes, recouverts d'une glaçure plumbo-stan-
nifère, et qui ont été attribués au IXe siècle par le regrettable M. Lenormant.

Il est certain que les poteries arabes étaient connues en Europe dès le moyen âge, et qu'elles y étaient fort estimées ; en effet, nous voyons mentionnés dans les inventaires des XIV et XV siècles des « vases de terre de l'ouvrage de Damas, avec garnison d'argent doré ».

« Nos pères, au retour des pèlerinages et des croisades », dit M. de LABORDE[1], « rapportèrent d'Orient, comme des souvenirs de ces pénibles voyages, et comme de pieux trophées de la sainte guerre, quelques vases, coupes, écuelles en terre émaillée de fabrication arabe, ou peut-être d'imitation grecque, car, au dire du moine Théophile, les artistes de Constantinople, si habiles pour mettre en pratique tous les procédés, s'étaient emparés de celui-là. »

Les Arabes et les Mores ont laissé en Espagne de nombreuses preuves de l'état avancé de leurs arts céramiques : ils employaient pour les revêtements de leurs maisons, tant à l'extérieur qu'à l'intérieur, et pour le carrelage de leurs appartements, ces carreaux de terre vernissée qu'ils appelaient « azulejos », et qu'on désigne encore par le même nom en Espagne.

Je citerai parmi les plus beaux spécimens d' « azulejos » ceux de la « Torre del vino », dans l'intérieur de l'Alhambra : la « Tour du vin » fut construite par Yousouf Ier, en 1345. Ces carreaux de faïence, revêtus d'un émail opaque stannifère, sont antérieurs de près

1. « Notice des émaux du Louvre », IIe partie.

d'un siècle aux travaux de Lucca della Robbia ; on peut donc les citer comme un argument contre l'opinion de ceux qui voudraient attribuer au sculpteur florentin l'invention de l'émail stannifère. Du reste, il y en a de plus anciens encore, car, à l'Alhambra, on en voit d'autres qui remontent vraisemblablement à la construction de ce palais, c'est-à-dire à la fin du xiii° siècle ; et ceux de l'Alcazar de Séville et des mosquées de Cordoue et de Tolède sont, suivant toute apparence, d'une époque encore plus reculée.

IV

La composition des faïences hispano-moresques
est encore peu connue : « La nature de leur lustre, dit
M. BRONGNIART [1] dans son « Traité des arts céramiques», est encore incertaine ; M. Laurent, vers 1831,
en le soumettant à différents essais, avait bien constaté
l'absence de l'or, et quelques réactions qu'il avait
obtenues lui avaient indiqué la présence du cuivre.
Nous avons continué ces recherches, et nous avons
été assez heureux pour ne conserver aucun doute sur
sa véritable nature. La couche colorante est exces-
sivement mince : il nous paraît probable qu'elle se
compose d'une pellicule inappréciable de silicate de
protoxyde de cuivre. Nous n'avons pas de données po-
sitives sur la manière dont se fait ce lustre ; les essais
que nous avons tentés dans le but de le reproduire,
quoique bien imparfaits dans leur méthode et dans

1. Brongniart, « Traité des arts céramiques », édition de 1854,
in-8°

leurs résultats. nous laissent cependant la conviction que nous n'étions pas éloignés de la méthode suivie à Valence. »

J'ai appris dernièrement par M. Riocreux qu'outre le cuivre il entrait également de l'argent dans la composition du lustre métallique : ce fait m'a été confirmé par M. Louis Carrand. qui a étudié d'une manière spéciale les faïences hispano-moresques. dont il possède de fort beaux échantillons. et qui. grâce à des essais persévérants, a réussi à reproduire les différents genres de reflets métalliques; seulement j'ajouterai que M. Louis Carrand. dont la connaissance des monuments du moyen âge est corroborée par une étude approfondie des procédés techniques. m'a signalé un fait important : c'est que le cuivre et l'argent n'étaient pas toujours employés simultanément ; ainsi les faïences à lustre de cuivre rouge foncé ne contiennent que du cuivre ; l'argent était ajouté au cuivre pour diminuer l'intensité de la couleur, pour lui donner un aspect plus clair et plus doux. C'est donc par le mélange de ces deux métaux. dans des proportions différentes, qu'on arrivait à ces tons si riches et si variés que nous admirons sur les faïences hispano-moresques. depuis le rouge cuivre le plus prononcé. jusqu'aux reflets nacrés, de différentes nuances. qu'on obtenait plus ou moins tendres. suivant la quantité d'argent plus ou moins grande qu'on ajoutait au cuivre.

M. Louis Carrand m'a fait observer. de plus. que l'action du feu jouait un très-grand rôle dans la réussite des pièces, ainsi que bien des petits détails de manipulation, des secrets du métier, en un mot ce qu'on appelle le « tour de main », que ne peut remplacer, dans bien des cas, la science la plus parfaite.

Je vais passer en revue, dans les chapitres suivants, en adoptant l'ordre chronologique, les différentes fabriques moresques ou hispano-moresques sur lesquelles j'ai pu recueillir des documents.

V

FABRIQUE DE MALAGA.

C'est à Malaga qu'a commencé, suivant toute vraisemblance, la fabrication des faïences hispano-moresques : son voisinage de Grenade, sa situation maritime, ses relations fréquentes et son commerce avec l'Orient, tout porte à le croire. Ce qu'il y a de certain, c'est que le plus ancien document connu sur ces faïences est relatif à la fabrique de Malaga.

Ce document nous est fourni par un voyageur natif de Tanger, « Ibn-Batoutah », qui écrivait vers 1350 : après avoir parcouru les contrées les plus lointaines de l'Orient, il débarqua à Malaga, et de là se rendit à Grenade, dont il vante l'état florissant.

« On fabrique à Malaga, dit-il, la belle poterie ou porcelaine dorée, que l'on exporte dans les contrées les plus éloignées[1]. »

1. « Voyages d'Ibn-Batoutah », traduction Defremery. Paris, Imprimerie impériale, 1858, in 8°

Ce voyageur parle assez longuement de Grenade, mais il n'y mentionne pas de fabriques de faïence : on peut conclure de son silence qu'il n'en existait pas, du moins qui fussent dignes d'être remarquées, dans la capitale des rois mores, tandis que celles de Malaga devaient être importantes, puisque c'est tout ce qu'il mentionne de cette ville, à laquelle il ne consacre que les lignes que je viens de citer.

On est donc autorisé à croire que le grand centre de fabrication du royaume de Grenade était la ville de Malaga, et, puisque nous savons par Ibn-Batoutah qu'elle exportait ses « belles poteries dorées » dans les contrées les plus éloignées, nous devons en conclure qu'elle les expédiait aussi dans l'intérieur du royaume, et surtout dans la capitale. Ceci admis, on peut, avec beaucoup de vraisemblance, rapporter à la fabrique de Malaga le fameux vase de l'Alhambra, le plus beau monument de faïence moresque connu, et aussi le plus ancien ; et ce qui me confirme encore dans cette opinion, c'est que le vase de l'Alhambra, autant qu'on peut en juger par la forme des caractères et le style des ornements qui le recouvrent, doit avoir été fait vers le milieu du xiv siècle, c'est-à-dire précisément à l'époque où Ibn-Batoutah visitait Malaga.

Ce vase, si remarquable par l'élégance de sa forme et par la richesse des dessins dont toutes ses parties sont couvertes, a été décrit ou gravé dans plusieurs ouvrages, mais jamais avec exactitude ; son galbe, si simple et si facile à rendre, n'a jamais été reproduit fidèlement; je m'en suis assuré en comparant les gravures et lithographies publiées, avec une grande photographie que j'ai fait faire à Grenade, et qui, tout en montrant la manière barbare dont il était relégué au milieu de chapiteaux brisés et d'autres fragments de marbres, donne cependant une idée parfaite de sa forme et de ses mille détails.

Je n'essayerai pas d'en faire ici la description : la plume ne saurait corriger les erreurs du burin; la photographie peut seule rendre la délicatesse et la grâce de ces entrelacs, de ces arabesques capricieuses au milieu desquelles courent les caractères arabes, qui sont eux-mêmes des ornements d'une rare élégance; la tournure à la fois naïve et fantastique des deux grandes antilopes qui occupent le milieu du vase, au-dessus de la large inscription qui en fait le tour, et qui, sans doute, contient la louange de « Dieu, seul vainqueur ». Mais ce que la photographie ne saurait traduire, ce sont les reflets d'or qui cerclent le bel émail bleu des lettres et des arabesques, reflets un peu pâles, peut-être, mais qui s'accordent merveilleusement avec ce bleu, et avec un fond d'un blanc jaunâtre[1].

---

[1] Voici les dimensions du vase de l'Alhambra :

Hauteur totale : 1ᵐ36.
Circonférence : 2ᵐ25.
Plus grande longueur de l'anse : 0ᵐ61.
Hauteur des antilopes : 0ᵐ26.
Hauteur des lettres : 0ᵐ94 a 0ᵐ55

Ce vase fut trouvé, dit-on, ainsi que plusieurs autres, au XVIe siècle, et tous étaient pleins de pièces d'or; ce n'est, au reste, qu'une simple tradition : ce qui est certain, c'est que, vers 1764, il y en avait deux à l'Alhambra, avec les morceaux d'un troisième : ce fait nous est rapporté par le docteur ECHEVERRIA, le premier auteur, je crois, qui ait parlé des vases de l'Alhambra. Je traduis ici les curieux détails qu'il donne dans ses « Paseos por Granada », ou Promenades dans Grenade : ce livre est composé de dialogues entre un étranger et un Grenadin, qui explique à son hôte les merveilles de la cité : le Grenadin parle à l'étranger d'un endroit de l'Alhambra où fut trouvé autrefois un trésor, qui consistait en plusieurs grands vases de terre pleins d'or.

L'ÉTRANGER.

Parlons de ces vases, qui, me disiez-vous, contenaient un trésor : où se trouvent-ils maintenant ?

LE GRENADIN.

Aux *Adarves* [1], dans un petit jardin délicieux, qui fut mis en état et orné (au XVIe siècle) par le marquis de Mondejar, avec l'or provenant de ce trésor; peut-être eut-il l'intention de perpétuer le souvenir de cette découverte en plaçant dans le jardin ces vases, qui sont des pièces très-remarquables ; rendons-nous à ce jardin et vous allez les voir. Entrons par cette porte et nous sortirons par l'autre.

---

1. Les *Adarves*, qui font partie de l'Alhambra, sont situés près de l'enceinte fortifiée de ce palais.

L'ÉTRANGER.

Quel merveilleux jardin! quelle admirable vue! Mais voyons les vases..... Quel malheur! comme ils sont endommagés! Et ce qu'il y a de plus regrettable, c'est que, laissés à l'abandon comme ils le sont, ils se dégraderont chaque jour davantage.

LE GRENADIN.

Ils finiront même par être entièrement détruits; déjà il ne reste plus que les deux que vous voyez et ces trois ou quatre morceaux du troisième. Chaque personne, en sortant d'ici, veut en emporter un souvenir, et c'est ainsi que les pauvres vases sont détruits petit à petit.

L'ÉTRANGER.

Mais sur ces deux-ci, parmi les belles arabesques dont leur magnifique émail est orné, j'aperçois des inscriptions....

LE GRENADIN.

C'est vrai; mais vous voyez que dans l'état de dégradation où sont ces vases, leur émail étant usé ou enlevé, il n'est plus guère possible de les lire : sur ce premier vase on ne peut guère distinguer que le nom de Dieu, deux fois répété; aucun des deux ne porte une autre inscription entièrement lisible. Cela est bien certain, vous en êtes témoin; et si quelqu'un se flatte d'avoir une copie de ces inscriptions, c'est qu'elle aura été relevée il y a soixante ou quatre-vingts ans, dans un temps où, sans doute, elles étaient moins effacées et plus lisibles qu'aujourd'hui[1].

---

[1]. Le docteur Echeverria exagère un peu l'état de dégradation du vase de l'Alhambra : il est vrai que dans plusieurs endroits l'émail est enlevé, et qu'une des anses, en forme d'aile, est entièrement cassée; néanmoins les ornements et les caractères se distinguent encore très-bien; ainsi j'ai pu prendre sur place un calque complet

L'ÉTRANGER.

Ainsi, puisqu'on ne peut lire ces inscriptions, nous ignorons à quel roi ont appartenu ces trésors, etc. [1].

Les prévisions du docteur Echeverria ne se sont que trop vérifiées : que sont devenus les autres vases de l'Alhambra? Un auteur anglais, M. FORD, prétend, dans son « Hand-book for Spain », que, vers 1820, le gouverneur Montilla s'en servait comme de vases à fleurs, et qu'une dame française en emporta un; j'ai lu quelque part une version différente : il aurait été enlevé par une dame anglaise de Gibraltar... Ce qui est certain, c'est que des trois il n'en reste plus qu'un. Les deux vases de l'Alhambra ont été gravés pour la première fois en 1785, dans les « Antigüedades arabes », avec un texte de P. LOZANO, Madrid, in-4°. Depuis, on les trouve encore mentionnés dans plusieurs ouvrages : les « Paseos nuevos », d'ARGOTE DE MOLINA, Grenade, vers 1807, in-18°; « les Arabian Antiquities of Spain », par MURPHY, London, 1816, in-4°, qui ne

de l'aile qui subsiste: le milieu de cette aile est occupé par des arabesques du plus beau style, et sur les bords court une large inscription qui paraît se répéter plusieurs fois, mais qui n'est guère lisible, les caractères se confondant avec les ornements qui les entrelacent.

1. Quelques chapitres plus loin, le docteur Echeverria parle d'une autre découverte qu'on fit de son temps près de l'Alhambra. « Elle consiste, dit-il, en un *escarbot* escarabajo qui a les dimensions d'une tortue de grosseur moyenne; cet escarbot est en faïence très-dure, comme celle des carreaux de revêtement, et entièrement couvert de caractères arabes, tous en chiffres, sauf la tête, qui offre le nom d'Allah écrit en toutes lettres. » Le docteur Echeverria croit que cet escarbot était une amulette, ou talisman.

sont qu'une pauvre copie de l'ouvrage de Lozano ; on peut encore citer le « Voyage en Espagne, » de Laborde ; les « Monuments arabes et moresques, » de M. Girault de Prangey, et la belle publication plus récente d'Owen Jones.

Autant qu'on peut en juger par la gravure donnée dans les « Antiquités arabes », de Lozano, le vase qui a disparu ressemblait assez, quant à la forme, à celui qui existe encore ; il était de même style et de même époque, seulement les anses, au lieu d'inscriptions, sont ornées d'arabesques et de feuillages dans lesquels se jouent des oiseaux ; au lieu de deux antilopes affrontées, le milieu de la panse contient trois cercles avec un écusson portant la devise des rois de Grenade : « Il n'y a d'autre vainqueur que Dieu », devise qu'on voit si souvent répétée à l'Alhambra, particulièrement sur les « Azulejos ». J'ajouterai encore que sur ce vase la grande inscription circulaire était remplacée par des entrelacs variés, qui devaient être d'un dessin très-élégant.

M. Théophile Gautier n'a pas manqué, dans son voyage en Espagne, de signaler ce vase ; il décrit « la pièce où, parmi des débris de toute sorte, est relégué, il faut le dire à la honte des Grenadins, le magnifique vase de l'Alhambra, haut de près de quatre pieds, tout couvert d'ornements et d'inscriptions, monument d'une rareté inestimable, qui ferait à lui seul la gloire d'un musée, et que l'incurie espagnole laisse se dégrader dans un recoin ignoble. »

Je dois ajouter qu'un nouveau gouverneur de l'Alhambra a été nommé depuis peu, et qu'il a pour les monuments moresques plus de respect que n'en avaient ceux qui l'ont précédé.

VI

Que devint la fabrique de Malaga après la chute du royaume de Grenade en 1492? Je ne sais; mais ce qu'il y a de certain, c'est qu'elle existait encore au commencement du XVIe siècle : Lucio Marineo, qui prend le titre de « Chroniqueur de leurs majestés Ferdinand et Isabelle », la mentionne, parmi les autres fabriques espagnoles, dans son livre « Des choses mémorables d'Espagne », écrit en 1517, que j'aurai encore l'occasion de citer; « à Malaga, dit-il, on fait aussi de très-beaux vases de faïence. »

Je n'ai trouvé aucune mention postérieure de la fabrique de Malaga ; il est probable qu'elle déclina peu à peu, à mesure que celles du royaume de Valence prirent plus d'importance, et qu'au milieu du XVIe siècle elle avait entièrement cessé d'exister.

Après le vase de l'Alhambra, existe-t-il d'autres faïences qu'on puisse rapporter à la fabrique de Malaga? M. Girault de Prangey, dans son ouvrage sur

les monuments arabes et moresques de Cordoue,
Séville et Grenade, dit qu'on a découvert en Sicile
des vases qui ont avec celui de l'Alhambra la plus
grande analogie de forme, d'exécution et de matière;
ce serait peut-être de ces vases de Malaga qu'on
exportait au loin, au dire d'Ibn-Batoutah.

Je n'hésite pas à attribuer à cette fabrique trois
grands bassins creux du musée de Cluny; ces bassins,
ou « aljofainas », comme on les appelle encore en Espagne de leur nom arabe, sont couverts de dessins à
reflets métalliques et d'émaux bleus, dont l'analogie
avec ceux du vase de l'Alhambra est tout à fait frap-
pante; j'y ai même retrouvé des médaillons qui, dans
leurs moindres détails, rappellent identiquement ceux
qui ornent le col de ce vase; de plus, c'est la même
terre dont la couleur rougeâtre indique la présence du
fer, ce sont les mêmes bleus et les mêmes reflets. Je
citerai particulièrement le bassin portant le n° 2584,
parce qu'il offre, comme le vase de Grenade, des reflets
métalliques un peu pâles. Les deux grands vases, de
forme élevée et cylindrique, qui existent au même
musée sous le n° 2049, sont encore évidemment de
la même origine; j'en dirai autant de quelques plats
qui se voient dans différentes collections, et qui offrent
les mêmes analogies de style et de matière.

Plusieurs plats, vases, etc., tout en rappelant
les pièces que je viens de citer par leur style et les
bleus qui figurent dans leur décoration, ont cependant
un caractère moresque moins pur : je veux parler de

ceux qui sont ornés d'armoiries, du monogramme du Christ, etc.; on peut supposer qu'ils sont sortis de la même fabrique, soit avant, soit après la conquête du royaume de Grenade par Ferdinand et Isabelle. Il est certain que les parties de l'Espagne soumises à la domination musulmane avaient des rapports fréquents avec les provinces chrétiennes : des artisans mores travaillaient chez les chrétiens, et réciproquement; ainsi, parmi les peintures qu'on voit sur la voûte de la « Sala del Juicio », à l'Alhambra, il y en a d'un artiste chrétien; et j'ai vu à Cordoue un beau heurtoir en bronze, de travail certainement moresque, avec une inscription chrétienne du xvᵉ siècle.

Avant de terminer ce chapitre, je crois devoir citer encore une des plus belles pièces qu'on puisse attribuer à la fabrique de Malaga; c'est un curieux vase de la collection Soulages (nᵒ 95), haut d'environ 50 centimètres : le corps, de forme arrondie, est supporté par un pied conique; le col est élevé, en forme d'entonnoir, et flanqué de deux grandes anses ou ailes, percées de petits trous circulaires; le vase est entièrement couvert de feuilles à découpures et d'ornements vermiculés, tantôt à reflets jaunes, tantôt en bleu sur fond blanc.

Les Mores d'Espagne ont dû faire peu « d'azulejos » à reflets métalliques; les seuls que j'aie vus sont au « Cuarto real », ancienne résidence moresque à Grenade. Ils sont ornés d'arabesques à reflets un peu pâles, mais du plus beau style : un de ces carreaux a été gravé dans l'ouvrage de M. J. MARRYAT.

VII

FABRIQUE DE MAJORQUE

Tout porte à croire qu'après la fabrique de Malaga, la plus ancienne est celle de Majorque ; le nom seul, si les documents nous manquaient, indiquerait déjà qu'elle remonte à une époque reculée. En effet, on sait que le mot «majolica», anciennement employé en Italie, et dont on se sert encore aujourd'hui pour désigner la faïence en général[1], tire son étymologie du nom de la

[1]. M. J.-C. Robinson croit même que ce mot désignait particulièrement, au XVIᵉ siècle, les faïences à reflets métalliques; voici ce qu'il dit à ce sujet dans son excellent catalogue de la collection Soulages : « Le mot majolica lui-même, du temps de Piccol Passo (vers 1550), était plutôt appliqué aux pièces à reflets qu'à la faïence en général, c'est-à-dire qu'il n'était pas employé en Italie pour désigner indistinctement toutes les poteries à glaçure stannifère. Ce fait important ressort très-clairement des extraits du manuscrit de Piccol Passo, et d'autres documents publiés par M. Raffaelli, *Memorie delle Majoliche Durantine*, Fermo, 1846, p. 71. » Quant à l'expression *Majolica alla Castellana*, employée par Piccol Passo et par Passeri, elle ne s'applique pas, comme on l'a prétendu, aux faïences espagnoles, *castillanes*, mais à celles de *Città di Castello* près Pérouse. Voir Passeri, chap. XIII

plus grande des îles Baléares, nom que les auteurs italiens, par un euphonisme naturel à l'esprit de leur langue, ont toujours écrit « Majolica », au lieu de « Majorica » : dès le XIIIᵉ siècle Dante l'écrivait ainsi :

Tra l'isola di Cipri e di Majolica [1].

J.-C. Scaliger, qui écrivait dans la première moitié du XVIᵉ siècle, vante les vases qui se faisaient de son temps aux îles Baléares ; après avoir fait l'éloge des porcelaines récemment apportées de la Chine, il admire l'art tout nouveau avec lequel on les imitait dans ces îles, « de telle sorte, dit-il [2], qu'il est difficile de distinguer les fausses des vraies ; les imitations des îles Baléares ne leur sont inférieures ni pour la forme, ni pour l'éclat ; elles les surpassent même pour l'élégance, et on dit qu'il nous en arrive de si parfaites qu'on les préfère aux plus belles vaisselles d'étain. Nous les appelons « majolica », en changeant une lettre, du nom des îles Baléares, où, assure-t-on, se font les plus belles. »

Fabio Ferrari dit également, dans ses origines de la langue italienne, que l'usage de la « majolica »,

---

1. « Inferno », canto XXVIII.

2. J.-C. Scaliger, « Exercitationes », etc., ex. XCII. Il est évident, d'après ce passage, que Scaliger n'avait examiné avec attention ni les porcelaines chinoises, ni les faïences des îles Baléares, puisqu'il les compare malgré le peu d'analogie qu'elles offrent, soit sous le rapport de la forme, soit sous celui de la décoration ; mais ce qu'il faut conclure de ce que dit cet auteur, c'est que les faïences fabriquées aux îles Baléares étaient apportées en Italie au XVIᵉ siècle, et que leur provenance y était connue.

ainsi que son nom, vient de Majorque, « que nos anciens écrivains toscans, par une certaine coquetterie de prononciation, ou, si l'on veut, par une altération de nom, ont appelée « Majolica. »

Le dictionnaire de la Crusca, en donnant la définition du mot « majolica », dit que la faïence est ainsi nommée de l'île de Majorque, « où l'on commença à la fabriquer. »

Je crois devoir dire ici quelques mots de certains plats creux ou « bacini », qu'on voit incrustés dans les murs extérieurs de plusieurs églises et campaniles d'Italie, et que M. J. Marryat, dans son histoire de la poterie, dit avoir été rapportés de Majorque en 1115 par les Pisans, lorsqu'ils s'emparèrent de cette île, alors au pouvoir des Arabes. A l'appui de cette assertion, M. J. Marryat cite un passage de l'histoire des Républiques italiennes de Sismondi, d'après lequel les Pisans, s'étant emparés de Majorque, en rapportèrent chez eux un immense butin ; mais il n'y est pas fait mention de faïences. En outre, je ferai observer qu'il est très-douteux que les plats en question, d'une terre grossière et peu ornée, aient jamais fait partie des riches dépouilles enlevées par les Pisans. Ces plats se voient assez fréquemment en Italie, notamment à Rome, à Pise, à Pavie ; j'ai observé ceux cités par M. J. Marryat, et d'autres encore ; en général, ils sont d'une couleur verdâtre, et quelquefois couverts de dessins très-grossiers, mais je ne leur ai pas trouvé le caractère oriental que cet auteur leur attribue. Parmi ceux de ces plats que j'ai remarqués, j'en citerai un qu'on voit au sommet de la façade de l'église San-Andrea, à Pise : il représente un navire aux voiles déployées, peint en noir sur fond blanc.

Je n'ai vu qu'un seul de ces plats qui offrît des reflets métalliques : il est incrusté dans le campanile de Santa-Francesca-Romana, à Rome, non loin de la Basilique de Constantin ; la hauteur à laquelle il est placé ne m'a pas permis de distinguer s'il est orné de dessins.

Passeri parle des « bacini », que de son temps on voyait fixés sur la façade du dôme de Pesaro, ainsi que sur les églises de San-Agostino et de San-Francesco, et qui produisaient un bel effet quand ils étaient éclairés par le soleil ; il fait observer que ce n'est qu'après l'an 1300 que commença l'emploi des plats de terre colorée pour l'ornement des façades d'églises ; mais quand même cet usage remonterait à une époque plus ancienne, rien ne prouverait la provenance majorquine des plats en question.

Je laisse donc de côté les pures hypothèses, et, sans vouloir faire remonter la fabrique de Majorque au xii° siècle, je me bornerai à constater que c'est dans la première moitié du quinzième qu'elle est signalée d'une manière certaine, et, chose digne de remarque, c'est à un Italien que nous devons ce document.

Giovanni di Bernardi da Uzzano, fils d'un riche marchand de Pise, écrivit, en 1442, un traité de commerce et de navigation, qui a été publié dans le siècle dernier par Pagnini [1]. Il parle des différents objets qui se fabriquaient à Majorque et à Minorque, et mentionne notamment la faïence, qui, ajoute-t-il, « avait alors un très-grand débit en Italie[2]. » Le commerce des îles Baléares et de la Catalogne était très-important au moyen âge. CAPMANY, dans ses mémoires historiques sur le commerce de Barcelone, cite plusieurs auteurs qui en font foi, notamment BALDUCCI-PEGOLOTTI, qui énumère les villes d'Italie liées, dès le XIVe siècle, par des rapports commerciaux, avec Majorque. Cette île possédait dès cette époque 900 navires, dont quelques-uns portaient jusqu'à 400 tonneaux, et elle comptait plus de 20,000 marins. MURATORI rapporte[3] qu'au commencement du XVe siècle, Pedro Santón, corsaire catalan, commandait un navire qui portait à son bord 500 hommes. Ces relations constantes de l'Espagne avec l'Italie, la Sicile et le Levant expliquent comment on a rapporté de ces différents pays tant de faïences hispano-moresques[4].

---

1. Pagnini, « Della decima », etc. Lisbonne et Lucques, 1765, in-4°.

2. Voir Capmany, « Memorias historicas », etc. Barcelone, 1780, in-4°, t. III.

3. Muratori, « Rerum Italicarum scriptores ». Milan, 1723, in-f°.

4. Plusieurs personnes qui ont parcouru l'Orient m'ont assuré que c'était dans l'île de Chypre qu'on trouvait le plus de faïences hispano-moresques; ce fait est très-facile à expliquer, puisque Chypre, qui appartint aux Vénitiens depuis 1489 jusqu'en 1570, devait être plus accessible aux commerçants espagnols que les contrées voisines, soumises à la domination musulmane.

De plus, la certitude de la fabrique majorquine m'a été confirmée par mon savant ami, M. J.-M. Bover de Rosselló, de Majorque, auteur de plusieurs ouvrages intéressants sur les îles Baléares. M. Bover m'a même affirmé que, d'après ses observations et des documents qu'il a trouvés, le principal centre de cette fabrication devait être la petite ville d' « Ynca », située dans l'intérieur de l'île, à quelques lieues de la capitale. Ce fait est d'autant plus vraisemblable, que j'ai remarqué sur plusieurs plats les armes de cette ville ; on les voit sur un plat du musée de Cluny, n° 2050, que M. E. Du Sommerard indique comme provenant de Majorque ; ce plat, qui doit remonter au xv° siècle, est de style moresque et a des reflets métalliques rouges ; dans un double cercle, qui circonscrit le fond et le bord, se trouve une inscription en caractères illisibles, qui offre un singulier mélange de l'écriture dite gothique et de l'écriture arabe. Au centre, dans un écusson de forme arrondie, se voient les armes de la ville d'Ynca. J'ai vu au British Museum un plat du même genre, au centre duquel sont les mêmes armes.

Le caractère moresque des plats en question s'explique facilement, si on réfléchit que, destinés, pour la plupart, à être expédiés dans le Levant, ils devaient être ornés suivant le goût des Orientaux : d'un autre côté, le style oriental et les traditions du langage arabe survécurent, à Majorque, à la conquête chrétienne qui eut lieu en 1230. Ainsi, au commencement du xiv° siècle, il y avait à Miramar, près Valldemosa,

un collége fondé par Jayme II pour l'enseignement
de la langue arabe nécessaire aux religieux qui se
vouaient à la conversion des mahométans.

Avant de terminer ce chapitre, je dois dire quelques
mots d'Iviza, la troisième des îles Baléares, qui paraît
avoir également été le centre d'une fabrication de
faïences. Voici ce qu'en dit VARGAS dans sa description
des îles Baléares et Pityuses :

« Abandon des fabriques de faïence.

« Il est bien regrettable qu'Iviza ait cessé de fabriquer ses « fameux vases de faïence », destinés non-
seulement à être exportés, mais encore à alimenter la
consommation locale[1]. »

Quels sont ces « fameux vases de faïence » dont
parle VARGAS? S'agit-il de faïences à reflets métalliques? Il n'est pas assez explicite pour qu'on puisse
conclure.

Je n'ai trouvé nulle part aucune autre mention de
la fabrique d'Iviza, et je me borne à citer celle-ci pour
mémoire.

1. Vargas, « Descripcion de las islas Baleares y Pityusas », Madrid, 1787, in-4°.
« Fabrica de loza dejada.
« Es sensible el abandono de sus celebres vasos de tierra, no solo
para extraerlos, pero aun para su uso casero. »

VIII

FABRIQUES DU ROYAUME DE VALENCE, MANISÈS, ETC.

Les traditions de l'art céramique, dans le royaume de Valence, sont aussi anciennes que l'histoire du pays : dès l'époque de la domination romaine, les poteries fabriquées à Sagunte, aujourd'hui Murviedro, près Valence, étaient en grande réputation. PLINE l'Ancien, qui fut gouverneur d'Espagne, mentionne dans son *Histoire naturelle* (livre 35, chap. 12) la poterie rouge jaspe de Sagunte, où travaillaient 1200 artisans [1].

Pendant les siècles de ténèbres qui suivirent la

1. Le comte Antonio de Lumiarès y Valcarcel a publié, en 1779, une dissertation sur les différentes poteries fabriquées à Murviedro ; il les divise en quatre classes :

1° Les poteries rouges ;

2° Les poteries jaunes veinées de rouge et imitant le jaspe ;

3° Celles couleur de cendre ;

4° Celles couleur de l'argile, mais sans vernis. On voit sur ces poteries des bas-reliefs représentant des sujets mythologiques, des animaux, des fleurs, etc. Le comte de Lumiarès en avait une collection nombreuse, et il en avait examiné plus de 1.500 pièces.

chute de l'empire d'Occident, la fabrication de la poterie d'ornement dut être entièrement perdue en Europe ; tout porte à croire que c'est en Espagne qu'elle reparut d'abord, apportée en 711 par les conquérants musulmans qui y continuèrent, en les modifiant suivant le goût oriental, les traditions céramiques de l'ancienne Ibérie.

Quand la domination musulmane, renversée par « Jayme Ier » d'Aragon, « el conquistador », cessa dans le royaume de Valence, l'agriculture et l'industrie étaient très-avancées dans ce beau pays, que les poëtes arabes ont comparé au paradis terrestre : l'art de la poterie devait déjà avoir à cette époque une certaine importance, puisque le roi conquérant octroyait une charte spéciale aux potiers « sarrasins » de « Xativa » (ville du royaume de Valence, aujourd'hui San-Felipe). Cette charte porte que chaque maître faisant des vases, vaisselles, tuiles, « rajolas » (carreaux de revêtement), devra payer annuellement un « besant » pour chaque four, moyennant quoi il pourra exercer librement, sans aucune servitude [2].

1. *Rajolas* est un mot arabe qui a passé dans le dialecte valencien, et qui est synonyme d'*azulejos :* en Catalogne on donne encore le nom de *rajolas valencianas* aux carreaux de terre vernissée qui se font dans la province de Valence.

2. « Volumus et stabilimus..., etc. Statuentes quod quilibet magistrorum qui faciat cantaros, ollas, tegulas et rajolas, donent nobis, pro uno quoque furno in anno, unum besantium : et quod habeatis plateas franchas et liberas, sine aliqua servitute ».

Cette charte est citée dans la *Coleccion de documentos ineditos* de D. M. Salva, tome XVIII.

Il est impossible de préciser l'époque à laquelle commença, dans le royaume de Valence, la fabrication des faïences à reflets métalliques ; cependant je ne pense pas qu'elle soit antérieure au commencement du XVe siècle : suivant toute vraisemblance elle fut apportée de Malaga, dont les rapports maritimes avec le royaume de Valence étaient faciles.

Marineo Siculo[1], qui écrivait en 1517, et que j'ai déjà cité à l'occasion de la fabrique de Malaga, n'oublie pas les brillantes faïences qui se faisaient de son temps dans le royaume de Valence. J'extrais ici, du chapitre qu'il consacre aux différentes fabriques de l'Espagne, le passage relatif à cette contrée :

« Des vaisselles et autres choses de faïence qui se font en Espagne.

1. Lucio Marineo Siculo, « de las cosas memorables de España », Alcala de Henares, 1539, in-f°, livre 1er, fol. v, v°.

« De las vasijas y cosas de barro que en España se hazen.

« Hazen se tambien en España vasijas, y obras de barro de muchas maneras, y cosas de vidrio. Y aunque en muchos lugares de España son excelentes : las mas preciadas son las de *Valencia* que estan muy labradas, y *doradas*. Y tambien en Murcia se hazen buenas *desta misma arte*. Y en Morviedro y en Toledo se haze, y labra mucho, y muy recio, blanco, y alguno verde, y mucho amarillo que paresce dorado ; y esto es para servicio ; porque lo mas preciado es lo que esta vedriado de blanco. Tambien en Talavera se labra muy excelente vedriado blanco, y verde. Loqual es muy delgado y sotilmente hecho. Y hazen se vasijas de muchas y diversas maneras. Tambien en *Malaga* se hazen muy buenas. Y en Jaen ay buenas vasijas de toda suerte, y en Teruel se hazen muy excelentes, y mas hermosas que las otras. «

Comme ce chapitre résume l'histoire de la céramique en Espagne au commencement du XVIe siècle, j'ai cru devoir citer le texte original

« On fait en Espagne des vaisselles et ouvrages de faïence de beaucoup de sortes, ainsi que des ouvrages de verre, et quoique, dans beaucoup d'endroits de l'Espagne, on fasse d'excellentes faïences, les plus estimées sont celles de Valence, qui sont « si bien travaillées et si bien dorées. »

Capmany, dans le savant ouvrage que j'ai déjà cité, rapporte un décret du conseil municipal de Barcelone, à la date de 1528, relatif à l'exportation des faïences qu'on embarquait pour la Sicile et pour d'autres pays ; dans ce décret, il est question de la faïence de Valence « la Loza de Valencia » [1].

La Chronique générale d'Espagne d'Ant. Beuter, imprimée en 1530, mentionne les localités du royaume de Valence qui fournissaient la terre propre à la fabrication des vases. « Cette terre, dit cet auteur, est extrêmement bonne à Paterna, Manisès, Quarte, Carcre, Villalonga, Alaquaz et dans beaucoup d'autres endroits ; à tel point que « Chorebus » (qui, suivant Pline, inventa l'art de fabriquer les vases de terre), n'en faisait pas de plus beaux à Athènes ; ils égalent les vases de Corinthe ; et ceux de Pise, de Pesaro et autres endroits, ne les surpassent ni pour la beauté, ni pour la finesse du travail. »

Je citerai maintenant le témoignage d'un voyageur

1. Valence avait au xvie siècle de fréquents rapports avec l'Italie : j'ai lu un curieux décret de la municipalité de cette ville, défendant l'entrée d'un navire qui venait d'Italie *parce qu'il était chargé de dépouilles provenant du sac de Rome, en 1527 (por ser despojos del saqueo de Roma).*

portugais, à la date de 1546 : BARREYROS. dans sa
« Chorographie »[1], voulant vanter la faïence qu'on
faisait à Barcelone, dit qu'elle est « encore supérieure »
à celle de Valence.

En 1564, MARTIN DE VICYANA. dans sa «Chronique»[2],
mentionne encore, dans d'autres villes du royaume de
Valence, la ville de « Biar ». qui possède quatorze fabriques. où se font des vases. plats, etc., très-bons
pour le service des maisons, car la terre y est excellente ; non-seulement ces fabriques fournissent la
contrée. mais elles envoient leurs produits à plus de
dix-sept lieues dans l'intérieur de la Castille. La ville
de « Trayguera[3] » possède vingt-trois fabriques où se
font de très-grands vases, des vaisselles, et autres ouvrages de terre.

ESCOLANO. autre écrivain valencien. parle de la
faïence qui s'est, « de tout temps ». fabriquée avec beaucoup d'élégance à « Paterna[4] ». où, ajoute-t-il, la po-
pulation chrétienne est « mélangée de Morisques » :
il mentionne aussi le « bourg d'Alaquaz », et les belles
faïences émaillées (vidriados), telles que vases et
plats, qui s'y sont « toujours » fabriquées ; puis enfin

1. Barreyros. «Chorographia de alguns lugares ». Coimbra. in-4°.

2. Martin de Vicyana. «Cronica de Valencia». Valence, 1564,
in-folio.

3. Trayguera et Biar sont situés dans la province de Valence, au
nord de cette ville.

4. Paterna est un des villages qui avoisinent Manises: Escolano
prétend trouver l'étymologie de son nom dans le mot latin *patera*,
coupe: étymologie très-contestable. mais qui montre l'importance
qu'il attribuait à la céramique du pays.

le bourg de « Manisès », fameux pour ses faïences
émaillées et ses azulejos. Dans un autre chapitre,
Escolano revient sur les endroits que je viens de citer,
et il ajoute les noms de quelques localités des environs
de Valence, dont les faïences et les azulejos sont ad-
mirables : ce sont les bourgs de « Moncada, Quarte,
Alaquaz, Carcre, Villalonga », déjà cités par Beuter :
mais il vante tout particulièrement les faïences qui se
font à « Manisès », si belles et si élégantes, dit-il,
« qu'en échange des faïences que l'Italie nous envoie
de Pise, nous expédions dans ce pays des vaisseaux
chargés de celles de Manisès[1]. »

Voici un document encore plus explicite : il est tiré
des Annales du royaume de Valence, par Fr. Diago
(1613) :

« Ouvrages de terre. On fabrique dans le royaume
différentes choses qui sont très-renommées à cause de
leur grande beauté, et parce qu'on ne les trouve pas
ordinairement dans d'autres pays : parmi ces choses
figurent les faïences ordinaires qui se font à Paterna
et à Carcre, telles que les vases, pots, écuelles, carreaux de revêtement et tuiles[2] ; mais il faut citer

---

1. Escolano. « Historia de la insigne y coronada ciudad y reyno
de Valencia », Valence. 1610. in-folio.

« . . . Y señaladamente la obra de *Manizas* se haze con tanta
hermosura y lindeza. que en recambio de la que Italia nos imbia de
Pisa. le imbianos nosotros en vaxeles cargados la de *Manizas*.

2. Les tuiles dont parle Diago sont de forme concave, de grande
dimension. et à reflets de cuivre rouge très-brillants; il n'est pas
probable qu'on en ait fabriqué très-anciennement. car on n'en voit
pas sur des édifices antérieurs au XVII° siècle; la coupole de l'église

d'une manière spéciale parmi ces faïences celle de Manisès, « si bien dorée », et peinte avec tant d'art, qu'elle a séduit (« enamorado ») le monde entier : à tel point que « le pape, les cardinaux et les princes » envoient ici leurs commandes, admirant qu'avec de simple terre on puisse faire quelque chose d'aussi exquis[1] ».

Les extraits que je viens de rapporter peuvent donner une idée de l'importance que la fabrication de la faïence à reflets métalliques avait prise dans le royaume de Valence, et principalement à Manisès, qui en était le centre le plus important.

L'expulsion des Morisques, ordonnée par Philippe III (1610), porta un coup fatal à l'industrie espagnole, comme plus tard, en France, la révocation de l'édit de Nantes priva notre pays d'un grand nombre de familles industrieuses.

Les Morisques, auxquels on donnait aussi les noms de « Tagarinos », ou « cristianos nuevos », chrétiens nouveaux, étaient très-nombreux dans le royaume de Valence : six cent mille, disent des auteurs contemporains. Avant de quitter pour jamais leurs foyers, ils

de Manisès en est entièrement couverte ; j'en ai remarqué aussi sur plusieurs églises de Valence. On peut voir de ces tuiles au musée de Sèvres.

1. Fr. Diago, « Anales del reyno de Valencia ». Valence, 1613, in-4°.

« . . . . Y en especial la obra de Manizes tan dorada, y pintada con tanta arte, que ya ha enamorado a todo el mundo, de suerte que el Papa, los cardenales, y Principes embian por ella, con admiracion de que de tierra se pueda hazer cosa tan prima ».

se défendirent courageusement dans les montagnes qu'on aperçoit de Valence, et ceux qui ne périrent pas dans les combats furent embarqués pour différents pays, sauf un sixième d'entre eux, qu'on garda dans la plupart des villages, pour ne pas dépeupler entièrement le pays[1].

Cette barbare expulsion ne manqua pas d'apologistes, comme en font foi une vingtaine d'ouvrages du temps. Un de ces ouvrages, par le licencié P. AZNAR DE CARDONA[2], nous apprend qu'un grand nombre de Morisques étaient artisans, et, parmi les métiers qu'ils exerçaient, il cite celui de potiers «olleros» : ce fait explique très-bien le caractère moresque que les faïences valenciennes ont conservé si longtemps, et si quelque chose doit nous surprendre, c'est que ce caractère n'ait pas disparu plus complétement au XVIe siècle, où les Morisques étaient déjà si rigoureusement persécutés : ces persécutions tendaient à effacer, par tous les moyens possibles, ce que les mœurs et les traditions avaient conservé de moresque.

Ainsi une pragmatique royale[3], du 17 novembre

---

1. La *Real Academia de la historia*, de Madrid, a mis au concours, il y a peu de temps, un ouvrage sur la condition des Morisques, et les conséquences de leur expulsion; quoique aucun de ces ouvrages n'ait été jugé digne du prix, l'Académie en a publié un, qui contient des détails très-curieux.

2. P. Aznar de Cardona, « Espulsion justificada de los Moriscos, etc. ». Huesca. 1612. in-8°.

3. Citée par Conde, « Historia de los Arabes en España » Madrid. 1820, in-4°

1566, porte défense aux Morisques de parler, de lire,
d'écrire l'arabe soit dans leurs maisons, soit au dehors,
publiquement ou secrètement ; défense de porter des
vêtements qui rappellent ceux des Mores ; défense aux
femmes de sortir voilées ; défense d'avoir des maisons de bains, ordre de démolir ou de supprimer
celles existantes ; défense de chanter des « leylas » ou
« zambras »[1] au son des instruments, et de danser à la
morisque ; défense de conserver des livres écrits en
langue arabe ; défense aux ouvriers et artisans de
« travailler à la morisque. »

En outre, l'inquisition, qui sévissait alors avec la
plus grande rigueur, obligeait chacun à dénoncer les
Morisques qui enfreindraient ces défenses. Néanmoins
ils conservaient l'esprit de leur ancienne nationalité,
ne se mariant qu'entre eux et gardant leur religion,
comme le montre ce passage d'un manuscrit de 1608 :
« Malgré les rigueurs de l'inquisition, les Morisques
restent mahométans dans le cœur, et il est bien rare
d'en rencontrer un qui se convertisse de bonne foi[2]. »

---

1. On appelait ainsi des airs de danse qu'on chantait au son des
instruments. Malgré les défenses, cet usage s'est conservé en Espagne, principalement dans les provinces méridionales.

2. Cité par M. de Circourt dans son « Histoire des Mores et Morisques ».

IV

Il m'a semblé utile d'entrer dans ces détails sur la condition des Morisques d'Espagne ; car la connaissance de la vie privée d'un peuple sert beaucoup à l'étude de ses arts et de son industrie : c'est ainsi que je vais essayer de montrer que certaines pièces peuvent être attribuées aux fabriques du royaume de Valence.

Je citerai d'abord quelques plats qu'on rencontre quelquefois, avec cette inscription placée circulairement :

« In principio erat Verbum, et Verbum erat apud Deum. »

On sait que c'est le commencement de l'évangile selon saint Jean ; or, saint Jean l'Évangéliste est particulièrement vénéré à Valence depuis un temps immémorial, et les paroles que je viens de citer y étaient populaires dès le moyen âge : le mot « verb » figure dans les anciens proverbes en dialecte valencien, et le

« Verbe » figurait aussi dans les plus anciennes processions religieuses, par exemple dans celles du « corpus Christi, » qui étaient, dit Marineo Siculo, en 1517, si dévotes et si bien ordonnées, « tan devotas y bien ordenadas[1]. »

J'ai assisté, à Valence, à ces cérémonies, qui sont restées ce qu'elles étaient au moyen âge, et j'y ai vu figurer l'oiseau emblématique de saint Jean, l'aigle, au milieu d'un long défilé de personnages empruntés tantôt à la Bible, tantôt à la mythologie, etc., tels que Noé, Pluton et l'immaculée Conception.

J'ai conservé le programme explicatif de la fête, qu'on vend dans les rues, et je vois, parmi les gravures qui l'ornent, un grand aigle couronné et enrubanné. « Ledit aigle », ainsi s'exprime le programme, « porte dans son bec une banderole qui s'étend d'une aile à l'autre, et sur laquelle se lit cette devise :

« In principio erat Verbum, et Verbum erat, etc. »

J'ai remarqué, sur un beau plat à reflets d'or, avec ornements en bleu, faisant partie de la collection du prince Soltykoff, un grand aigle, qui n'est pas un emblème héraldique; car, au lieu de figurer dans un écusson d'armoirie, il occupe presque toute la surface du plat : c'est donc vraisemblablement l'aigle de saint Jean, et ce plat serait aussi de la fabrique de Valence.

Il est probable que cette fabrique a dû imiter les

---

1. Marineo Siculo. ouvrage déjà cité. sur les *choses memorables d'Espagne.*

ornements bleus des faïences de Malaga, et on pour-
rait aussi lui attribuer ces belles pièces avec reflets
d'or et décors en bleu, qui offrent à la fois des animaux fantastiques de style moresque et des inscriptions en caractères gothiques du XVe siècle.

Je citerai comme exemple un plat que j'ai vu au
British Museum : le centre est orné d'une espèce de
daim ou antilope fantastique, en bleu; au centre du
plat se lit cette inscription en lettres gothiques :

« Senta (sic) Catalina, guarda nos. »

« Sainte Catherine, protégez nous [1]. »

J'ai vu un autre plat portant, en caractères de la
même époque, cette devise en espagnol :

« Toda gracia nos fallece, mientras que alba no
amanesse. »

« Toute grâce nous manque tant que l'aube ne
brille pas. »

C'est probablement quelque dicton du temps faisant allusion à la lumière dont ces faïences ont besoin
pour faire valoir leurs reflets.

Il est très-rare de rencontrer des pièces hispano-
moresques portant des inscriptions en espagnol. Je citerai encore celle-ci, qui m'a été signalée par M. Louis
Carrand :

« No es muy ..... »

C'est peut-être le commencement d'une devise dans
le genre du « nec pluribus impar ».

---

1. Il y a encore à Valence l'église et la place de Santa-Catalina,
qui datent du moyen âge.

Au commencement du XVIIᵉ siècle, les faïences valenciennes avaient à peu près perdu tout caractère moresque ; il devait en être ainsi à la suite de l'expulsion des Morisques en 1610. De cette époque date la décadence des faïences et l'emploi exclusif des reflets de cuivre rouge. Quelques pièces, assez belles au point de vue décoratif, peuvent cependant être citées. Il y a, au musée de Cluny, plusieurs spécimens de ce genre de fabrication : ce sont de très-grands plats (nᵒˢ 2070 et suivants) décorés de personnages portant le costume de la première moitié du XVIIᵉ siècle ; au centre, on voit un écusson d'armoirie « bandé d'argent et d'azur de six pièces », surmonté du chapeau de cardinal ; le reste de ces plats est occupé par des oiseaux chimériques, des feuillages et des enroulements d'un travail grossier, mais d'un beau reflet de cuivre rouge.

Parmi les vases de la même époque, les plus élégants sont ceux dont la panse, à peu près sphérique, est surmontée d'un col étranglé et d'un goulot large et surélevé, accompagné de deux petites anses. Ces vases sont ordinairement d'assez petite dimension ; cependant j'en possède un de 50 centimètres de haut : il a son couvercle, ce qui se rencontre très-rarement ; il présente la même armoirie que les grands plats du musée de Cluny, et devait faire partie du même service. C'est, sans aucun doute, de faïences de ce genre que veut parler ESCOLANO, quand il dit que les papes, les cardinaux et les princes italiens envoyaient leurs commandes à Manisès.

A partir du xvii⁰ siècle, la fabrication de la faïence à reflets métalliques, sans cesser entièrement dans le royaume de Valence. va toujours en décroissant ; on peut suivre cette décadence en examinant encore deux vases du musée de Cluny, de forme cylindro-conique très-allongée, et entourés d'enroulements grossiers ; on les appelle « tarros » en Espagne. et on les voit quelquefois représentés. dans les « bodegones », ou natures mortes, de Menendez [1].

Je citerai, pour en finir. un bénitier qu'a remarqué M. J.-C. Robinson : « Ce bénitier, » dit-il, « est à reflets cuivreux ; ses décors, composés de têtes de chérubins et d'enroulements, sont de style « rococo. »

Un voyageur anglais, Talbot Dillon, donne la description des faïences qu'on faisait encore à Manisès en 1780. « A deux lieues environ de Valence est un joli village qu'on appelle « Manisès », composé de quatre rues ; les habitants. potiers pour la plupart, fabriquent une belle faïence de couleur cuivreuse et ornée de dorures ; les gens de la contrée l'emploient à la fois pour l'ornement et pour les usages domestiques ; elle est faite d'une terre argileuse fort semblable. pour la qualité comme pour la couleur. à celle de Valence [2]. »

En 1801. Fischer. voyageur allemand. mentionne

---

1. N⁰ 111 du Musée de Madrid. Luis de Menendez. fort connu en Espagne comme peintre de natures mortes. naquit en 1716 et mourut en 1780.

2. Talbot Dillon. — Travels through Spain. — London 1780, in-4°.

encore les « plats ornés de figures dorées », qu'on faisait près de Valence [1].

Enfin, cette fabrication n'a pas cessé à Manisès; mais il est vrai qu'elle est réduite à sa plus simple expression, car elle n'a plus qu'un seul représentant. Il n'y a pas longtemps, ayant remarqué à Valence, chez un faïencier, quelques pièces à reflets cuivreux, je demandai où elles se fabriquaient, et, ayant appris que c'était à « Manisès », je pris une « tartana » et m'y fis conduire.

Après avoir traversé, pendant une heure, la fertile « huerta », j'aperçus, au milieu de la verdure, la coupole de l'église de Manisès, dont un soleil ardent faisait briller du plus vif éclat les tuiles à reflets de cuivre. Peu de temps après, j'étais chez le fabricant d'« obra dorada », d'ouvrage doré, comme on dit à Valence. Ce fabricant est un simple « posadero » du nom de « Jayme Cassans », qui fait de la faïence à moments perdus, quand sa modeste auberge manque de voyageurs. Son outillage est des plus simples : un tour et un four de petite dimension. Sa femme est spécialement chargée de la décoration des pièces, qui sont, pour la plupart, des tasses, des assiettes et quelques vases de fantaisie, ordinairement d'un reflet cuivreux assez terne, et qui se vendent quelques sous, sauf les tasses, dont les reflets sont les plus réussis, parce qu'on les emploie pour juger de la qualité du vin, qui

1. Fischer. « Description de Valence ». Paris. 1804. in-8°.

laisse plus ou moins voir le fond de la tasse, suivant
son degré de limpidité.

Voilà où en est aujourd'hui la fabrique de Manisès !

FABRIQUES DE BARCELONE, MURCIE, MORVIEDRO, TOLÈDE, ETC.

On vient de voir que la fabrique de Malaga était la plus ancienne, et celle de Valence la plus importante. Cependant les faïences à reflets métalliques se faisaient aussi dans d'autres parties de l'Espagne; mais ces fabriques étaient moins considérables, et il est très-probable que, vers la fin du XVIe siècle, elles avaient complétement cessé d'exister.

J'ai déjà cité un décret du conseil municipal de Barcelone, daté de 1528, relatif aux faïences fabriquées dans cette ville, et qu'on expédiait en Sicile ; mais on en faisait plus anciennement encore, puisque HIERONYMUS PAULUS, de Barcelone, écrivant, en 1491, à son ami PAULUS POMPILIUS, qui résidait à Rome, vante, parmi ce que sa ville produisait de remarquable, la

« vaisselle de faïence, depuis longtemps estimée et re-
cherchée à Rome même [1]. »

Je rappellerai également le passage de la « Chorographie » de BARREYROS, qui met les faïences de Barcelone au-dessus de celles de Valence.

Il me reste à parler de trois autres villes où, suivant MARINEO SICULO, on faisait, en 1517, des faïences
à reflets métalliques ; ce sont : Murcie, Morviedro et
Tolède. Je traduis le passage relatif à ces trois villes,
et dont j'ai déjà donné le texte original ; on va voir
qu'il mentionne encore d'autres localités, mais sur lesquelles il n'est pas assez explicite pour qu'on puisse
déterminer avec certitude le genre de faïence qu'elles
fabriquaient.

Voici comment s'exprime MARINEO SICULO, après
avoir parlé des faïences de Valence, « si belles et si
bien dorées : »

« On en fait également à Murcie de fort belles, du
même travail (desta misma arte).

« A Morviedro et à Tolède, on fait et travaille
beaucoup de faïences très-solides, les unes blanches,
quelques-unes vertes, et beaucoup de faïence jaune
« qui paraît dorée (que paresce dorado) ; » celles-ci
sont pour l'usage, car les plus estimées sont celles
émaillées de blanc.

« A Talavera, on fait et travaille un très-excellent
émail blanc et vert, lequel est très-délicat, et subti-

1. Hieronymi Pauli Barcinonensis, apud Schott, « Hispania illus-
trata », tome III. Cité par Capmany.

lement fait, et on fait aussi beaucoup de vaisselles de différents genres[1].

« A Malaga, on en fait également de très-belles, ainsi qu'à Jaën, où se font de bonnes vaisselles de différents genres; mais à Teruel[2] on en fait d'excellentes et plus belles que les autres ».

Comme je le disais plus haut, ces fabriques ne paraissent avoir eu ni une longue durée, ni une grande importance; c'est pourquoi je ne crois pas qu'il soit possible de leur attribuer aucune pièce connue, comme j'ai essayé de le faire pour celles de Malaga, de Majorque et de Valence.

1. Il y a en Espagne plusieurs villes du nom de Talavera ; celle dont parle Marineo Siculo est Talavera de la Reyna, située dans la Nouvelle-Castille, à peu de distance de Tolède. La fabrication de la faïence, qui y est très-ancienne, prit une très-grande extension pendant le xviiie siècle. En Espagne on appelle la faïence : du *Talavera*, comme en Angleterre on dit : du *Delft*.

2. Ville d'Aragon, sur la limite du royaume de Valence.

VI

Les documents que je viens de rapporter démontrent,
je l'espère, d'une manière irréfutable, que les faïences
dont j'essaye de faire l'histoire sont bien d'origine
espagnole. Je ne crois même pas qu'aucune faïence
de ce genre ait été faite en Italie; en effet, les fabriques italiennes sont trop connues aujourd'hui et trop
bien classées, pour qu'on puisse attribuer à aucune
d'elles les faïences à reflets métalliques de style moresque.

Cependant je dois mentionner ici certaines faïences
d'un genre tout particulier, auxquelles on a donné le
nom de « siculo-arabes » ou « siculo-moresques » : ce
sont ordinairement des vases dont la forme rappelle
le goût oriental; l'émail, entièrement bleu, est couvert
d'ornements vermiculés à reflets auréo-cuivreux, souvent très-vifs; quant à la pâte, elle est en général plus
blanche et plus serrée que celle des faïences hispano-
moresques. Si ces pièces, qu'on attribue à la fabrique
de Calata-Girone, sont réellement originaires de Sicile, à quelle époque y ont-elles été fabriquées? On ne

supposera pas que ce soit sous la domination arabe ; ce serait remonter un peu loin, puisqu'elle cessa en 1090.

On dit, il est vrai, que ces faïences se trouvent ordinairement en Sicile ; mais cela ne prouve pas qu'elles y ont été fabriquées, puisqu'on y en rencontre également de celles dont j'ai démontré l'origine espagnole. Attendons, pour décider la question, des documents positifs.

Parlerai-je maintenant, pour revenir aux faïences hispano-moresques. de diverses opinions qu'on a émises sur leur origine ?

A la suite d'une réimpression récente de l'histoire des peintures sur majolique de Passeri[1], cette question a été agitée, sinon résolue. par M. Delange, qui finit cependant par pencher vers une origine italienne.

« Il y a deux opinions contraires, dit M. Delange : l'une, qui attribue ces faïences aux fabriques espagnoles ; l'autre, qui les donne aux fabriques italiennes. » Puis il cite une troisième opinion, qui viendrait rétablir l'équilibre entre les deux autres, ou plutôt les fondre en une seule. Les partisans de cette troisième hypothèse. tout en reconnaissant que les Mores d'Espagne ont fait des faïences émaillées, et en accordant que le vase de l'Alhambra n'ait pas été fait en Italie. disent que ces Mores. persécutés par Ferdinand le Catholique, s'expatrièrent et, trouvant dans les États de Saint-

---

1. « Historia delle pitture in majolica... ». descritta da Giamb. Passeri. Pesaro. 1857. in-8°.

Pierre plus de tolérance que chez leurs vainqueurs,
s'y établirent et y apportèrent leur industrie. Et si les
bassins de terre vernissée, qu'on voit sur beaucoup
d'églises d'Italie, n'ont pas été tous rapportés par les
Pisans, ils pourraient être sortis des fabriques moresques établies en Italie.

« Voilà, ajoute M. Delange, comment s'expliquent
naturellement l'étymologie du mot « majolica », et la
grande quantité de faïences de style moresque trou-
vées en Italie, tandis qu'on n'en rencontre point en
Espagne ; et puis l'Italie, pour favoriser la fabrication
nationale, empêchait ou entravait l'introduction des
produits étrangers ». — Je crois avoir suffisamment
prouvé que, bien au contraire, les fabriques espagnoles expédièrent en Italie, depuis le xv⁰ jusqu'au
xvii⁰ siècle, de nombreux chargements de faïences.

Quant à la rareté des faïences hispano-moresques
en Espagne même, c'est un fait qu'il faut bien recon-
naître, et je dois dire que, dans plusieurs voyages à
travers ce pays, j'en ai à peine aperçu quelques-unes.
Mais est-il si difficile d'expliquer cette rareté? J'ai cité
des ordonnances qui, vers la fin du xvi⁰ siècle, dé-
fendaient sévèrement la fabrication et la possession
d'objets ayant un caractère moresque. Or, on sait que
beaucoup des faïences en question ont, non-seulement
des ornements moresques, mais quelquefois des caractères arabes; et on peut croire que beaucoup de personnes aimèrent mieux les détruire que de s'exposer
aux terribles soupçons de l'inquisition.

Du reste, il faut le dire, les Espagnols, assez indifférents pour les choses du passé, sont en général peu conservateurs des objets à l'usage de la vie privée, et n'ont pas ce vague instinct qui porte les Italiens à conserver tout ce qui présente un caractère d'art, ou simplement de curiosité. Et nous-mêmes, en France, étions-nous plus conservateurs? Je finirai, pour en donner une idée, par ce passage où L'ESTOILE raconte le traitement lamentable qu'on fit subir à des faïences à la suite d'une collation offerte à Henri III par le cardinal de Birague, en 1580 :

« Y eust deux longues tables couvertes d'onze à douze cents pièces de vaisselle de faënze, pleines de confitures sèches et dragées de toutes sortes, accommodées en chasteaux, pyramides, plates-formes et autres façons magnifiques. La plupart de laquelle vaisselle fut rompue et mise en pièces par les pages et laquais de la cour, comme ils sont d'insolente nature, qui fust une grande perte, car toute la vaisselle estoit excellemment belle. » (Mémoires de L'ESTOILE.)

FIN.

PARIS. — IMPRIMERIE DE J. CLAYE, RUE SAINT-BENOIT, 7

www.ingramcontent.com/pod-product-compliance
Ingram Content Group UK Ltd.
Pitfield, Milton Keynes, MK11 3LW, UK
UKHW031800170726
13836UKWH00003B/1082